AF360247

ARTICLES
DES REMONSTRANCES
FAITES EN LA CONVENTION

des trois Estats tenus à Roüen, le vingt quatriesme iour de Nouembre, & autres iours ensuiuans. 1617.

Auec la responce & ordonnance sur ce faicte par le Roy estans en son Conseil, tenu à Paris le quatorziesme iour de Feburier, mil six cens dix-huict.

A POICTIERS,
Par A. MESNIER & I. THOREAV, Imprimeurs ordinaires du Roy, suiuant la coppie imprimée à Paris. 1618.

AV ROY.

ET A LA ROYNE MERE DV ROY
GOVVERNANTE ET .LIEVTENANTE
Generalle pour sa Maiesté en
Normandie.

ET A MONSEIGNEVR DE LVYNES,
Conseiller d'Estat, Premier Gentil-homme de la Chambre
du Roy, Grand Faulconier de France, Gouuerneur des
Villes & Chasteaux d'Amboise & du Pont de l'Arche,
& Lieutenant general au pays & Duchè de Normandie.

Et à Messeigneurs les Commissaires deputez pour
tenir la presente Conuention.

IRE,

LE COEVR DES
ROYS, est en la main de Dieu, qui
par son Esprit à conduict le vostre à
faire au commancement de son aage vn acte plus que
humain, qui vous esleue par dessus vostre Pere (la
merueille du móde) autant que luy surpassoit en gran-
deur & vertu le reste des autres Roys de la terre, Il
auoit reconquis son Royaume, redonné la paix à son

A ij

peuple, mais non sans sang Et vous par vne petite sai-
gnee auec vne prudéce admirable, auez tary des fleu-
ues de sang qui commençoit à courir. Et par la pert
d'vne teste, qui conserue vn million, mis en repos plusieurs Prouinces principalemét celle de Normandie
ou l'autheur des maux publics auoit esleu son domi-
cile, & ou il à le plus laissé de marques & vestiges d
son ambition, Sire paracheuez vostre œuure, ioigne
à vostre valeur la clemence qui est la seule vertu qu
vous rendra plus semblable, & vrayement Lieutenant en terre du Dieu viuant. Toutes sortes de calamitez ont assailly ceste pauure Prouince, à laquell
il ne reste que l'espoir quelle à en vostre bonté, pou
estre soulagee en partie du fardeau qui l'oppresse
voire qui l'accable. Nous enuoyrons pour ce bien-
faict mille prieres au ciel qui retomberont comme
pluye agreable en benedictions sur vous & vostre
Royale famille.

1. LES Ecclesiastiques requierent estre maintenus
en leurs prerogatiues, & entre autres en l'exemp-
tion de l'Impost du sel, autrement ce seroit dimnuer
l'honneur deu à Dieu, que de raualler l'authorité de
ses Ministres & leur retrencher les priuileges, & immunitez, dont ils ont iouy soubs les Regnes de vos
predecesseurs.

AV ROY.

Le Roy ayant les Ecclesiastiques en singuliere recommanda-
tion veut qu'ils soyent maintenus en leurs priuileges, &
immunitez, & sa Majesté inhibitions fait & deffences à tous
ses Officiers de les imposer, à la charge toutesfois qu'ils seront
tenus de prendre le sel aux Greniers & non ailleurs, sur
peine de l'amende.

2. LA NOBLESSE estant le premier & prin-

ipal nerf de voftre Eftat, qui maintenu ayde à le
onferuer ramolly & relafché ne peut le fouftenir
n la premiere vigueur, voftre Majefté eft fuppliée
e permettre qu'elle foit fleftrie d'aucunes impofiti-
ns extraordinaires, n'y affujettie à des contributi-
ns que leurs peres & ayeulx n'ont iamais cognuës,
& en tout l'efgaller pour toutes fortes d'immunitez
ux officiers de vos Cours Souueraines.

AV ROY.

Le Roy veut & entend que fa Nobleffe foit conferuee en
outes les prerogatiues qui luy appartiennent, & dont elle à
ccouftumé de iouyr.

LE TIERS eftat eft reduict à la pire condi-
ion qu'il ayt iamais efté, Si toft que luy auez don-
é la paix, Dieu luy a faict la guerre, ayant rendu fes
rbres fterilles & fans fruict, fes bleds gaftez, fes
rains pour la plufpart, par l'inclemence du Ciel
ondu en pluye, tellement pourris, qu'il eft priué
e fes alliments ordinaires, A ce malheur s'en eft
ioinct vn autre, Qui eft que le M. d'Ancre abufant
e l'authorité qu'il auoit, à permis, voire contraict
u'on enleuaft tout le vieil bled qui pouuoit fubue-
ir à la neceffité prefente, dont il a tiré de grands
ibuts, SIRE, Dieu qui n'abandonne iamais fon
euple fans fecours, Vous a prepofé icy bas pour luy
ien faire, & ayant efgard à tant d'afflictions le fou-
ger des Tailles & impofts, du tout luy ofter la
ande creuë.

AV ROY.

Le Roy à trouue fes finances tellement engagées & en arriere
uand fa Majefté eft entrée en l'adminiftration de fes affaires,
'elle ne peut encores pour le prefent rien diminuer de la Taille,
ais en attendent qu'elle le puiffe comme elle en à la volonté &

*espere auec l'ayde de Dieu & la conuersation de la paix, que le
temps luy en apportera le moyen, elle a faict plusieurs bons Re-
glemens, dont ses subiects receuront beaucoup de soulagement
par ce qu'ils empescheront les abus & maluersations qui se com-
mettent sur eux, & les incommodoient plus que les leuées qui
viennent au profit de sa Majesté, lesquelles ne sont point aug-
mentées depuis le deceds du feu Roy, encores que les despences
soient infiniement, excepté la grande creuë, ou l'on adiousta l'anné
passée quatre cens mil liures pour tout le Royaume, qui ont encor
esté imposez en la presente, & sur lesquelles il s'est trouué de
assignations pour les fraiz de la guerre, qui sont cause que sa
Majesté n'en á peu reuocquer la leuée, Mais elle ne veut pas
quelle soit continuee d'auantage, non seulemnt pour ce qui est de
sa Prouince de Normandie, Mais aussi pour tout le reste du Royaume, & des à présent en accorde à son peuple la reuocation
pour auoir lieu au commencement de l'anuée prochaine.*

4. La sterilité de ceste année est telle qu'a grand
peine la terre nous à elle donné dequoy nous pouuoir souftenter, & toutesfois il y en a dont lauarice
est tant insatiable, que de nous rauir ce peu que nous
auons de bleds pour le transporter aux Estrangers
nous demandons que tel transport soit defendu
& qu'il soit adressé commission à la Cour des
Aydes pour proceder extraordinairement contre
ceux qui de leur authorité & sans Edict, ont leué
trois escus pour muid de bled sortant de ce Royaume.

AV ROY.

Et en sont les Commissaires d'aduis.
*Le Roy à faict cesser il y a desia long temps ladicte leuée
dont ceux qui faisoient la recepte ont rendu compte, &*

bien aduerty qu'il ne se fait maintenant aucune leuée, c'est pourquoy il n'est besoin de la deffendre.

Nous esperions que vostre Maiesté estant aduertie de nostre misere & pauureté, deuoit nous soulager & diminuer les Tailles, & Creuës pour les proportionner à nostre puissance. au lieu dequoy on nous baille vne surcharge de vingt quatre mille liures pour le sieur de Fontaines Martel, pour la recompence de ce qu'il a rendu le Neuf Chastel, dont desja par Arrest de vostre Conseil il a receu trois mil liures, outre quarante huict mil liures qu'il en auoit desja eus, encore qu'il n'eust achepté ledit Gouernement que cinq cens escuz, & pour lequel il ny a iamais eu que vingt liures de gages : Estant d'ailleurs chose de tres grande consequence que vostre Maiesté soit contrainte de rachepter ses Places, & quand il luy plaist de changer de Capitaines & Gouuerneurs, il ne le puisse faire sans payer des sommes grandes & excessiues : Nous vous supplions de reuoquer ceste leuée qui nous chargeroit d'vn fardeau desraisonnable, & qui apporteroit vn exemple perilleux pour tous Capitaines de vos villes & Places, qui vous vendroient ce qui vous appartient pour en faire payer le prix à vostre peuple.

AV ROY.

Et en sont les Commissaires d'aduis.

Le Roy entend que le sieur de Fontaines Martel se contente pour la recompense qui luy a esté accordée de douze mil liures, dont la leuée à esté ordonnée par Arrest de son Conseil, et ne veut la Maiesté qu'il s'en face cy apres aucunes autres sur ce subiect, pour ceste occasion.

Il est raisonnable que les Esleuz qui ont des gages & charges que ne le monte la finance par eux payée,

prennent encores iusques à six sols pour signature,
somme qui va extremement haut , vostre Maiesté
est suppliée de reuoquer l'Edict enuoyé à la Cour
des Aydes qui leur attribuë ce droict, & supprimer
le nombre excessif desdits officiers , qui est de dix ou
douze en chacune Eslection, & les reduire au nombre antien d'vn ou deux pour le plus , en les rembour-
çant de la finance qu'ils iustifieront auoir payée.
Par ce moyen vous deschargerez voftre peuple d'vn
fardeau de Iuges supernumeraires qui luy est insu-
portable.

AV ROY.
Et en font les Commissaires d'aduis.

Les affaires du Roy ne luy permettent de reuoquer à present
ledit Edict, & pour le regard de la suppression desdits
Esleus sa Majesté y pouruoira volontiers lors qu'elle en aura
le moyen.

7.   IL auoit esté accordé par la responce au cahier
des Estats de l'année dernier, Que les deux sols six
deniers pour droict de quitance seroient payez par
les Collecteurs des tailles, Et ne seroient d'oresna-
uant imposez sur le peuple, lequel neanmoins en est
chargé par les patentes enuoyées pour la presente
conuention. Nous vous supplions qu'elles soient re-
formées en ce chef, Et que conformement à ce qui
nous à esté cy deuant accordé ledit droict de quittance soit reietté sur les Collecteurs des tailles au
soulagement du peuple.

AV ROY .
Et en font les Commissaires d'aduis. Et surseance.

C'est la volonté du Roy , que ledit droit de quittance ne
soit imposé sur le peuple Mais payé par les Collecteurs ainsi
qu'il à esté de tout temps , & conformement à la responce
faite

faite par sa Majesté au vingt-septiesme article du Cahier precedent : Ordonnant sadite Majesté que lettres patentes seront au plustost expediées à cet effect, & porteront reuocation de ce qui a esté employé au contraire en la Commission enuoyee pour la conuocation desdits Estats.

8. Les Commissaires des tailles nouuellement erigez ne deuroient auoir lieu en ceste prouince, estant subrogez au lieu des Greffiers que le peuple à par cy deuant remboursez : Et encores auec inegale mesure on leur attribue vn sol pour liure, qui est le vingtiesme partie de toute la taille Combien qu'aux autres prouinces moins chargées de beaucoup, on ne leur baille que six deniers, outre que les plus riche & puissants des parroisses se faisans pourueoir à ses charges, reietteront ce qu'ils doiuent porter sur les pauures, ce qui les ruinera du tout Vostre Majesté est tres-humblement suppliée les reuocquer.

AV ROY.

Lesdits Commissaires des tailles ont vn sol pour liure par tout le Royaume, ne sont establis qu'a la charge de rembourser lesdits Greffiers, conformement à la verification de l'Edict faite en la Cour des Aydes de Roüen, n'estant exempts de tailles, ils ne peuuent reietter sur les autres ce qu'ils en doiuent porter.

9. La ville de Roüen estant la premiere & capitale de la Prouince, ou de toutes parts les marchands apportent leurs marchâdises & denrées, ceux de ce pays les y deuroient librement vendre & debiter : Neantmoins les Marchands de ceste ville soubs pretexte du priuilege qu'ils disent estre particulier aux Bourgeois les veulent empescher, les contraingnants de leur vendre lesdites marchandises à tel prix qu'ils veulent : Il plaist à vostre Majesté ordonner, que les hâ-

bitans de ceſte Prouince vendront & deſtribueront leur marchãdiſes librement en ladite ville comme les bourgeois tant au temps de foires que hors icelles.

AV ROY.

Apres que les Marchands intereſſeʒ auront eſte ouys y ſera pourueu.

10   SIRE, tant de fois voſtre peuple vous à demandé la ſuppreſſion du Prouoſt General, ſes Lieutenans & Archers qui ſont en nombre exceſſif, non ſeulement inutiles : mais preiudicians à voſtre ſeruice vne excreſence corrompuë, qu'on à ioint mal proportionnement au corps de la Iuſtice, qui ruyne, deſole & renuerſe du tout l'ordre ordinaire d'icelle. Il plaira à voſtre Maieſté de donner en cela quelque choſe à nos ſupplications importunes, & neantmoins tresiuſtes, en ſupprimant cet attirail de confuſion : Et par meſme moyen vn Eſtat de Receueur, payeur des gages deſdits Prouoſts & Archers qu'on à depuis peu erigé, & preſenté à la Chambre des Comptes pour verifier. Enſemble la commiſſion de ſix deniers pour liure pour le maniement des deniers de leur gages.

Pour le regard du Preuoſt general.

AV ROY.

Et pour la ſuppreſſion de l'office, en ſont les Commiſſaires d'aduis.

Le Roy n'ayant iuge à propos pour le bien de ladite

rouince de reuoquer le Preuost general , qui a esté estably par
e feu Roy d'heureuse memoire , & recognu tres vtile , à ac-
ordé aux supplians par sa responce au cinquiesme article du
cahier de l'annee passee, tout ce qu'elle a estimé raisonnable pour
eur contentement , à quoy sa Majesté ne peut rien adiouster
maintenant , sinon pour le regard du Receueur payeur des gages
ludit Preuost & de ses Archers, qu'elle a aggreable qu'il soit
upprimé , & la Commission par laquelle sont attribuez six deuers pour liure pour le maniement des deniers desdicts gages
reuoquee.

1. Plusieurs fois vostre Majesté auoit deffendu d'e-
xiger les amendes apres cinq ans lesquelles comme
peine odieuse demeuroient extrainctes & prescriptes:
Neantmoins aucuns de vos Recepueurs à la grand'
ouile & oppression de vostre peuple les exigent, &
ont rigoureusement payer apres dix & ving ans,
faisant declarer plusieurs amendes inutiles , qu'ils ne
laissent de receuoir & appliquer à leur profict , au
preiudice de vous & du particulier. De sorte qu'il
ne faut estre que dix ans Recepueur de vos amendes,
pour de pauure deuenir riche , de la lie du peuple,
esgaller les plus eminents. Qu'il vous plaise ordonner qu'il sera informé par tels Commissaires qu'il
plaira à vostre Majesté deputer, de ceux qui ont receu, exigé & conuerty à leur profit les amendes qu'ils
auoient fait declarer inutiles, & qu'ils ont exigé apres
lesdits cinq ans.

AV ROY.

Et en font les Commissaires d'aduis.
Le Roy veut que lesdictes amendes ne puissent estre exigees ny

recherchee cinq ans apres la condemnation, fuiuant ce qui a eſté ey deuant accordé aux ſupplians, & ordonne que les Commiſſaires qui ſeront depuetz à c'eſt effect par la Cour de Parlement de Roüen, informent exactement contre ceux qui ont receu, exigé & conuerty à leur profict, les amendes qu'ils auoient faict declarer inutilles apres leſdits cinq ans paſſez.

12. L'vn des plus cuiſans fleaux qui battent voſtre peuple, eſt l'action des amendes iugées en vos Cours Souueraines que les Recepueurs enuoyent recueillir par perſonnes commis à leur poſte. Entre leſquels il y a telle intelligence, que celuy de vos paures ſubjects qui ſera condamné en ſix liures d'amende, payera deux fois autant pour la courſe, frais & deſpens de celuy qui ira faire l'execution, enuoyé, ce dit-il, expres de quarante, cinquante & ſoixante lieuës. NOVS ſupplions voſtre Majeſté, deffendre à tous les Recepueurs de vos amendes, d'en uoyer aucun Commis pour les exiger, ains qu'il ſeront tenus de mois en mois, ou autre terme que voſtre Conſeil iugera competent enuoyer extraict de Roolles deſdictes amendes aux Iuges ou Subſtitut de voſtre Procureur General en chacune Vicomté. Pour eſtre par eux baillez aux Sergeans des lieux pour faire les diligences de faire ſortir le payemen deſdictes amendes, ſuiuant le reiglement mis par vos ordonnances pour la recollection de vos autres deniers : Qui ſoulagera voſtre peuple d'vn grand & important fardeau, ſans aucune diminution de vos droicts.

AV ROY.

Et en ſont les Commiſſaires d'auis.

Le Roy ordonnne à sadicte Cour de Parlement de regler les taxes des Huißiers qui sont enuoiez pour recueillir les amendes, & les rendre si moderees que ses subiects n'aient occasion de s'en plaindre.

13. Le mesme inconuenient arriue pour le recouurement des espices taxées en vos Cours souueraines pour les Arrests donnés en icelles, ou le Recepueur & Commis pour les receuoir, enuoye Huissiers exprez de ceste ville de Roüen sur les lieux, pour faire rigoureuses executions & contrainctes. Qui prennent pour leurs salaires autant quelquesfois & plus que ne se montent lesdictes espices. Ce qui ne se fait en vostre Cour de Parlement de Paris, grand Conseil, & autres compagnies souueraines, ou iamais on ne poursuit & execute pour les rapports : Mais simplement ceux qui leuent & recueillent les arrests ne les peuuent auoir, s'ils ne payent au prealable les espices, stille trop plus iuste & honorable. Il plaise à vostre Maiesté dispencer le peuple de ceste rigeur & faire deffences ausdits Receueurs & Commis d'en faire aucune poursuite & execution, ains simplement que ceux qui recueilleront les arrests, payeront lesdictes espices auparauant que lesdicts arrests leur soient deliurez. Et que le mesme soit gardé & obserué en toutes les autres iurisdictions de ceste Prouince, ou les espices ne seront payées qu'en leuant les sentences.

AV ROY.

Et en sont les Commissaires d'aduis.

La volonté du Roy est, que les Arrests de sadicte Cour d[e] Parlement de Roüen soient publiquement leuz de huict en huict iours, ainsi qu'il se pratique au Parlement de Paris : & que le semblable se face es autres iurisdictions de la Prouince, pour les sentences qui y seront renduës, Ne voulant sa Majesté qu'il soi[t] decerne aucune contraincte contre les parties pour le paiement desdites espices.

14. Il n'y a rien tant necessaire en vne republique que la Iustice, sans laquelle ce ne seroit que desordre & confusion : Et que vostre Majesté est obligée enuers Dieu de faire administrer à vostre peuple en toute sincerité. Toutes vos ordonnances deffendent de receuoir en mesme Cour & siege de Iurisdiction, les parens & allie iusques à certain degré, qui ne peuuent par leur iugemens apporter que du soupcon aux parties, longeurs, & ruines, à cause des euocations qu'on pratique pour lesdites parentelles. Ces ordonnances faictes en l'assemblées des Estats de vostre Royaume, quoy que sainctes & necessaires ont esté tres-mal obseruées & se treuuent auiourd'huy la pluspart de vos officiers tous parens & alliez. Novs supplions vostre Majesté, enioindre aux Compagnies souueraines de ceste Prouince, garder & obseruer à l'aduenir, lesdites ordonnances en la reception de vos Officiers : Et en attendant qu'autrement elle ayt pourueu au restablissement d'vn bon & sincere ordre de la Iustice. Ordonner que les parens se trouuans en mesme Chambre & Iugement, leurs opinions qui se comptent & ne se pesent pas, ne seron[t] prises ny comptées à la conclusion des Arrests & iugemens, que pour vne seule.

en sont les Commissaires d'aduis.

Le Roy à tousiours desire l'obseruation des ordonnances
fait desdites parentelles, n'en ayant accorde aucune dis-
nse, & pouruoirra sur les remonstrances des Estats ge-
raux, aux abus qui s'y sont glissez contre son intention,
yant agreable que ce pendant les opinions des parens au
gre prohibe par l'ordonnance qui se trouueront en mesme
ambre & Iugement, ne soyent contez que pour vne en
conclusion des Arrests quand ils seront de mesme
uis.

Mesmes ne concorder à l'aduenir aucunes Euo-
tions aux fermiers & partisans, au moyen desquelles
ruyenent tous ceux qui ont affaire à eux. Aussi est
stre Majesté suppliée d'ordonner, que vos offi-
rs & commençaux se pouruoirront pour leurs
ffe personnelles par deuant les Iuges de la Pro-
nce, attendu qu'il y en à de Commis pour les pri-
egiez. Sans contre les droicts du pays pouuoir
r les parties ailleurs, & retrancher vn monde qui
fent & obtiennent des prouisions d'offices, dont
ne font pourtant aucun exercice, & ne leur ser-
t que pour euoquer & trauailler leur parties.

AV ROY.

t sont les Commissaires d'aduis, que les abus
nt retranchez.

e Roy n'entend accorder aucunes Euocations ausdicts fer-

miers, sinon lors qu'il est question des droicts de sa Majesté &
qu'ils sont contentez. Sa Volonté estant aussi qu'il n'y ait qu[e]
ceux qui sont employez sur ses Estats & seruent actuellemen[t]
qui iouyssent des priuileges attribuez à ses Officiers, &
quand à eux qui ont leurs causes commises aux Requeste[s]
y sera pourueu sur les remonstrances des Estats generux[.]

16. Tous les ordres de vostre Royaume ont deman[-]
dé la reuocation du droict annuel, au moyen duque[l]
il se fait vne ignominieuse marchandise, & nondina[-]
tion d'offices, Et est vostre Noblesse priuée d'entre[r]
aux charges de la republique ne les pouuant achept[er]
vn prix si déreglé : Combien que vous & vos pred[e-]
cesseurs luy ayez promis de lés preferer à tous autre[s]
Ce droict annuel apporte vn tel desordre que vost[re]
peuple est priué de Iustice, laquelle au lieu de luy est[re]
gratuitement, & sincerement administré comme el[le]
luy est deuë est venduë bien cherement : & sont pl[u-]
sieurs contraint abandonner leurs droits, pour ne l[es]
pouuoir poursuyuir sans leur totale ruine. Vost[re]
peuple vous supplie de vous ressouuenir de la pr[o-]
messe qu'auez faicte aux Estats generaux de suppr[i-]
mer ce droict annuel, cela eternisera vostre memoi[re]
à iamais, en remettant en vostre Royaume la Iusti[ce]
en son lustre & splendeur.

AV ROY.

17. L'on continue tous les iours de trauailler le peup[le]
pour le droit de Confirmation, que l'on exige r[i-]
goureusement sur les Tauerniers, Cabaretiers, vsage[rs]
des forests & Communes, Tiers & danger, Moulin[s]

Chauffages, Chauffours, & terres fieffées encores que
ela soit directement contre la nature & l'establisse-
ment ancien dudit droict, Et que iamais il n'ait esté
emandé, sur telles choses par aucuns de vos prede-
esseurs, Il est iuste de les en descharger Et qu'il nous
oit permis d'informer contre ceux qui soubs pretexte
e ce droict ont commis de grandes exactions sur le
euple.

AV ROY, Et en sont les Commissaires d'aduis.

*Ledict droict ne se leue que sur ceux qui y sont de tout temps
ubiects, & l'ont payé aux Rois predecesseurs de sa Majesté, la-
uelle a pourueu à la descharge des supplians par plusieurs Ar-
ests de son Conseil, & particulierement par celuy du dix-neuf-
éme iour du mois de Ianuier dernier, que sadicte Majesté veut
stre obserué. et entend que s'il y a esté contreuenu il en soit in-
ormé, afin de pouruoir à la restitution de ce qui aura esté induë-
ent exigé.*

18. Ceux qui ont eu le maniment des deniers desti-
ez pour la refection du pont de la Ville de Rouën, en
nt vsé & abusé cóme il leur a pleu iusques à present,
Nous demandons qu'il leur soit, enioinct nous bailler
stat de la recepte & employ d'iceux. Et qu'il plaise à
voftre Majesté nous pouruoir sur le remplacemét des
deniers qui se trouueront auoir esté diuertis suyuant
qu'elle le nous a promis les annees precedentes, afin
qu'a l'aduenir ce desordre n'arriue. Les Escheuins de
la Ville de Rouën ausquels vous en auez accordé le
mesnagement soient tenus tous les ans en l'assemblee
des Estats, apporter extraict de la recepte & despence
qu'ils auront faicte desdits deniers.

AV ROY. Et sont les Commissaires d'aduis, que
les Escheuins de la Ville de Rouën qui se trouueront
en la conuocation des Estats, representeront l'extraict

C

de la Recepte & despence du compte rendu à la Châ-
bre des deniers destinez pour le Pont.

Le Roy entend que l'Arrest par lequel sa Majesté a accordé
maniement desdits deniers aux Escheuins de la Ville de Roüe
soit obserué, A la charge que lesdits Escheuins apporteront to
tous les ans en l'assemblée des Estats de ladicte Prouince l'extrai
de la recepte & despence qu'ils en auront faicte. Mais pour le re
gard du remplassement desdits deniers, les affaires de sa Majes
ne luy permettent d'y pouruoir à present.

19. VOSTRE Majesté nous a bien accordé que le
deniers de la Recepte generalle demeureroient desti
nez au payement des Rentes deuës sur icelle sans di
uertissement: Mais cela nous est inutile, en considera
tion qu'ausdites Rentes, plusieurs charges sont prepo
sees qui espuisent le fonds. Nous vous supplions d'or
donner qu'elles seront payees par cy apres sur les plu
clairs deniers de ladite Recepte & par preference: N
seulement pour vne moitié, à laquelle la necessité d
vôtre Estat les a reduictes, mais pour le tout, afinqu'v
monde de pauures vefues, orphelins, & autres person
nes miserables ne demeurent priuez de ce peu de re
uenu qu'ils ont pour subuenir à leur nourriture.

Au Roy. Et sont les Commissaires d'aduis que le
Rentes soient payées suyuant les Contracts.

La volonté du Roy est, que la somme que sa Majesté a affe
ctee au payement desdictes Rentes, qui est la mesme qui y estoi
employee du temps du feu Roy, & qu'elle a assignee sur la Re
cepte generalle de Roüen, selon le desir des supplians, soit paye
suyuant l'estat qui en est enuoyé tous les ans & sans aucun di
uertissement: Et qu'en cas de manquement qui ne peut proueni
que des Receueurs, toutes contrainctes necessaires soient deliuree
contre eux.

20. Encor' que l'vsage de la Mer soit commun, &

qu'aux lieux voisins d'icelle chacun ait eu liberté de
tout temps de leuer de la Tanque, qui n'est autre chose que du sable propre pour engraisser & fumer les ter-
es: Neantmoins depuis peu quelques vns de leur authorité priué, s'efforcent soubs pretexte de leurs fiefs,
d'empescher cette commodité au peuple, autrement
qu'en payant certaine somme, rendant ce que nature
faict commun à tous particuliers & tributaires à eux.
Nous demãdons qu'à l'aduenir telles exactions soient
defendues, & qu'il soit permis à vn chacun de prendre de ladicte Tanque pour son vsage, sans pource
payer aucun tribut.

Au Roy, Et en sont les Commissaires d'aduis.
Accordé.

1. Le prix du sel est si excessif qu'il couste plus au
peuple que le reste de sa nourriture, Ce qui luy sera
vn extréme soulagement, de retrancher en quelque
chose le prix immoderé de cette imposition. Et d'autant que les Capitaine & Archers du sel n'ont compa-
ru aux Estats, suiuant ce que vôtre Majesté leur à tousiours enjoint. Nous demandons que conformément
à responce du Cahier de l'annee dernier, il soit decerné executoire de la somme de quinze cens liures,
à quoy ils sont condamnez par ladicte responce au
profit des pauures de cette Ville de Roüen faute de
comparoir, & qu'il soit informé par la Cour des Aydes, des concussions faictes par l'Adiudicataire que
Grenetiers, sur le faict des amendes du sel.

Au Roy, Et en sont les Commissaires d'aduis, qu'il
soit informé des maluersations & concussions.

Le Roy entend que sa responce sur le sixiéme article du Ca-
hier de l'annee passee soit obserué Qu'il soit informé par la
Cour des Aydes desdictes concussions & maluersations. Et en

cas que lesdicts Capitaine & Archers manquent de comparoir en l'assemblee desdicts Estats, ainsi qu'il leur est ordonné, que l'adiudicataire de la ferme s'y trouue, & demeure responsable de leurs actions.

Vos subiects de la basse Normandie n'ont point de plus grand allegement n'y qui leur ayde autant à subuenir aux tailles & contributions que l'vsage du sel blanc : Et neantmoins si leurs herbages leurs fournissent quelques nourritures qu'ils enuoient soit Paris, Rouen, ou ailleurs salées dudict sel blanc parce qu'ils n'en ont point d'autre, on les faict soubz ce pretexte arrester & confisquer auec condamnations d'amandes. Nous supplions vostre Majesté qu'il soit deffendu en ce cas de les poursuiure n'y trauailer comme ne violant en rien les ordonnances de la gabelles, ains vsant seulement de la cómodité que Dieu leur dóne pour subuenir anx charges de l'Estat.

AV ROY.

Le Roy entend que les suppliâts puissent vser dudict sel blanc pour les beurres & fromages, & que pour le surplus l'Arrest donné au Conseil le dernier iour de Ianuier mil six cens six soit obserué.

23. Par les Edicts & Ordonnance de pacification, il esté pourueu de lieux & endroicts ou ceux de la religion pretendue Reformee pourroient auoir escolle pour instruire & apprendre la ieunesse. Vostre Maieste est suppliee leur deffendre d'enfraindre ce qui est prescript par les dictes Ordonnances.

AV ROY.

C'est la volonté du Roy que les Edicts soient obseruez, & qu'en cas de contrauention les parties se pourruoient à la chambre de l'Edict.

24. Il y a procez pendant en vostre Conseil entre le Lieutenant du Bailly, Vicomtes & esleuz touchant

competance & Iurifdiction des reparations des murailles & pauez de quelques villes. Qu'il vous plaife
en attendant que ce differend foit terminé, Ordonner
par prouifion que les Efcheuins feront trauailler auf-
dictes murailles & pauez, de peur que ce pendaut les
Villes ne fe ruinent & difforment.

Il fera pourueu à la reparation des grands chemins parles
Lieutenant du grand Voyer ainfi qu'il eft accouftumé & porté
par l'Edict verifié en ce Parlement.

25. Nous demandons qu'il foit defendu aux fermiers
des traictes foraines d'exiger aucun droict fur les marchandifes du creu de france qui fe trãfportent de Prouince en autre. Et qu'il foit permis d'informer des cõ-
cuffions que font leurs Commis, tant en ce qui eft des
quittances que autrement touchant ledict droict.

AV ROY.

Les fupplians ayans plufieurs fois entendu les raifons pour
lefquelles les marchandifes qui fe transportent és Prouinces, où
les aydes n'ont point de cours, ne peuuent eftre exempts de l'Im-
pofition foraine ne doibuent defirer autre chofe de fa Majefté,
iufques à ce que les Bureaux y foient eftabliz: Mais fi les fer-
miers ou leurs commis ont faict quelques concuffions, & mal-
uerfations, Sa Majefté veut qu'il en foit informé.

26. SIRE, vos predeceffeurs ont bien cogneu que
le moyen de faire viure voftre peuple en pais, Eft faire
punir les mefchants, qui par la licence du temps fe
font multipliez en fi grand nombre, principalement
aux Bailliages efloignez de voftre Cour de Parlement,
où auec toute impunité plufieurs vexét, batent, tuent,
outragent, & font mille extortions au pauure peuple.
N'ayant les Iuges des lieux affez de force & authorité pour reprimer telle voyes de faict par la grãdeur &

qualité des coupables. Pour pouruoir à tels desordres,
vos predecesseurs auoient promis qu'ils establiroient
des Grands Iours chacun an aux Prouinces plus loin-
taines de vos Parlemens (Seul remede propre à ce
mal) Qui ne furent iamais tant necessaires en ce pays
qu'ils sôt à present, pour reprimer vn monde de for-
faicts execrables qui s'y font & commettet sans aucune puuition & vengance. Voftre Maiefté eft fuppliee d'y pouruoir, & ordonner que lesdicts grands-
Iours serôt tenus ceste annee, en telles villes des Bailliages de Caen ou Constantin qui sera trouuee la plus
propre & commode. A ce que voftre pauure peuple
soulagé des cruautez qu'on luy faict souffrir, vous
donne à bon droict le tiltre de L o v y s le Iufte.
    A V R O Y, Et en font les Commffaires d'aduis.
        Accordé.

27. Voftre Maiefté eft fuppliee faire reftablir la Iurifdiction au Bourg d'Arques transferee en la ville de
Dieppe, Cefte translation ruine vos subiefts & trou-
ble l'ordre de la Iuftice.
Au Roy, Et en font les Commiffaires d'aduis.
    La Commiffion cy deuant decernee à cette effet sera executee.
28. Nous demandons la reuocatió des Controlleurs
Generaulx des Gabelles, ayant defia efte rembour-
fez par le peuplé, des Confeillers Affeffeurs, Cómif-
faires examinateurs, Procureurs des Iurifdictions in-
erieures, Secóds Aduocats de voftre Majefté, Serge-
nts prifeurs vendeurs exploictans par tout le Royaume, affranchiz Parifis, Prefentations, droict de Clercs,
oublemét & tiercement de fceau, controolle des tils
es, Marque de cuirs, Iaugeurs, enfemble du port de-
andements, lequel nous offrons rembourser, En
ous permettant de iouïr par trois ans des droicts at-

tribuez à ceux qui s'en font faict pouruoir?

Au Roy, Et pour le port des mandemens, en font les Commiſſaires d'aduis.

Le Roy ayant faict tout ce qu'il luy à eſté poſſible pour le contentement des ſupplians par pluſieurs Arreſts de ſon Conſeil & declarations, & ſpecialement par ſa reſponce au quinzieſme article du Cahier precedent, Sa Majeſté n'y peut maintenāt adiouſter autre choſe, ſinōqu'elle accorde la ſuppreſſion du port leſdicts Mandemens, En rembourſant actuellement & en vn ſul payement ceux qui en iouyſſent, ſuyuant les Arreſts des vingtieſme Mars mil ſix cents ſix, trentieſme dudit mois mil ſix cēts ſept, & vingt-cinquieſme Aouſt audit an.

9 Nous demandons la reuocation de neuf liures our tonneau de vin, quarante ſols pour tonneau de Idre, & vingt ſols pour tonneau de poirey, comme uſſi de l'eſcu pour tonneau de Mer, à cauſe du grand reiudice qu'il apporte au commerce.

AV ROY.

Ces leutes qui ont eſté eſtablies par le feux Roy s'eſtant affeſées à des deſpences neceſſaires. Sa Majeſté ne les peut reuocquer preſent.

o. La reuocation du pied fourché, qui ſe recueille ar ceux de Caen iuſques à cinq lieues loing de la ille, & pareillement demandée.

AV ROY.

Les acquicts iuſtificatifs des comptes du maniement des deiers prouenans de c'eſt Impoſt, n'ayant eſté apportez au Conil du Roy par les Eſcheuins de ladite Ville, ainſi que la Majeſté uoit ordonné par ſa reſponce du vingtieſme article du Cahier recedent, Elle leur defend de plus leuer ledit impoſt, iuſques à qu'ils y ayent ſatisfaict.

.. Il eſt iuſte que les derniers qui ſe leuent pour la reparation des Ponts & Chauſſees ſe montans iuſques à

trente mil liures, soyent employez à cest vsage en
chacune generalité sans diuertir, veu que les Pōs chemins & passages estants totalement ruinez & inac-
cessibles, s'il n'y est promptement pourueu, le traf-
ficq ne se pourra doresnauant continuer.

AV ROY, Et en sont les Commissaires d'aduis

*Sa Majesté accorde que la somme de dix-huict mil liures em-
ployés sur son Estat de la generalité de Roüen, quinze mil liure
sur celuy de Caën, affectées pour les reparations des Ponts et
Chaussees, desdictes generalitez quinze mil liures aussi emplo-
yées audit Estat de la generalité de Roüen, et sept mil cinq cen
liures sur celuy de Caën, pour la refection du Pont de la Ville
Roüen, soient doresnauant employees à l'effect auquel elles so
destinees et non ailleurs, et pour le surplus qui est affecté à
reparation des Ponts de Mante et Sainct Cloud, les suppliãs n'e
reçoiuent moins de commodité que si la despence s'en faisoit da
ladite Prouince.*

22. Puis qu'il a pleu à vostre Majesté confirmer le do
faict par Henry le Grand vostre Seigneur & Pere
feu Monsieur le Conte de Soissons, & Paluds & M
rets de Caën & Contentin, & que par Arrest
vostre Conseil il à esté ordonné que la Commissic
pour decernée seroit executée, si les Estats n'aymo
ent mieux recompenser Mōsieur & Madame la Co
resse, ayant ceste obtion en leur liberté, de deux mai
les intheressez choisissent le moindre. Et sont prest
composer auec madicte Dame pour ladicte recon
pense, en se contentant de la raison, & subrogeant
peuple à ses droicts, qui sera censé comme propri
taire desdits Paludz & Maretz, à ce que par cy apr
personne ne les y puisse troubler : Laquelle subrog
tion ils vous supplient auoir aggreable & confirme
sans preiudice du droict du particulier.

Au Roy, Et sont les Commissaires d'aduis, que Mr
Comte & Madame la Comtesse soient des interresse

L' Ro

Le Roy ayant esté bien informé que cette Commission n' apportera aucun domage à son peuple, & au contraire luy sera vtille côme aussi à sa Maiesté, veut quelle soit executée, A la charge qu'il ne sera procedé à l'infeodation desditz Paludz & Mareez sinon apres qu'ils auront esté dessechez ou besoin sera, Et aux habitans des Bailliages de Caen & Constentin y ayant interest bailé telle part que de raiso, côformemẽt aux reglemẽs sur-ce interuenⁿ

33. Il dépend Sire de vostre volonté de faire tenir les Estats de ceste Prouince quãd il vous plaist: Mais les faisant tenir en saison commode, comme au mois de Septébre ou Octobre, où les iours sont encores lõgs à saison commode & belle, releueroit vostre peuple le grandes incommoditez: car les tenans si tard côme l est apresent, les mendements de la taille s'enuoyẽt si proche de l'escheance du premier quartier qu'il est impossible de l'asseoir n'y la cueillir, pour la rédre en vos receptes, où les Estats tenuz audit mois, de Septébre ou Octobre, n'apporteroient aucune incommodité.

AV ROY.

Le Roy fera tenir lesdicts Estats au temps que sa Maiesté connoistra estre plus commode pour son seruice & le bien de la Prouince, & aura esgard que se soit en saison que les mẽdemens de taille se puissent enuoyer de bonne heure, voulant pouruoir en toutes choses au soulagement des supliane.

4. Les loix, coustumes & vsages, ont esté introduicts pour le salut & commodité du peuple, qui se peuuent & doibuent changer selon que la necessité & commodité le requiert, La mesme loy sera salutaire n vne saison, qui sera iniuste en l'autre : Le temps & experience descouurent le bien ou le mal de la loy & onstitutió C'est à vous, Sire, à la donner & prescrire, vostre peuple de la vous demender. Il y a plusieurs nnées que tous les ordres de ceste Prouince vous uoient en toutes humilité supplié de retrancher le

D

temps de trente ans pratiqué pour appeller des decrets. Et le remettre à dix ans, comme vos predeceffeurs par leurs loix & ordonnances ont fait pour l[a]
refcifion de tous autres contracts. Voftre Maieft[é]
auoit decerné Commiffion à aucuns Prefide[n]s &
Confeillers de voftre parlement pour leur pouruoi[r]
Lefquels quelque pourfuitte ou remôft ácesqu ô [eu]
ait peu faire de la ruine & incommodité que c[e f]on[t]
temps d'appeller defdits decrets, apporte à o[rd]re[s] le[s]
familles de cette Prouince, n'y ont voulu entendr[e]
n'y leur donner aucune refponce. Nous vous fupplió[s]
de voftre pleine puiffance & authorité, dorner cett[e]
Loy tant falutaire à voftre peuple: Et ordonner qu'[à]
l'aduenir nul Majeur & prefent, ne fera receu à appe[l]
ler des ventes faites par decret de Iuftice apres dix an[s]
& vingt ans pour les Mineurs & abfens: Loy q[ui]
mettra voftre peuple en vn grand repos, Et fera de
croiftre la meilleure & plus grande partie des Proce[s]

 Au Roy, Et font les Commiffaires d'aduis qu'il n[e]
foit rien innoué.

 Le Roy ne veut rien changer à ce qui à efté obferué iufqu[es]
à prefent, pour le regard defdits decrets.

35. Par le vingt-fixiefme article du Cahier de l'an f[ix]
cens quatorze, voftre peuple, pour grandes & iufte[s]
occafions, vous auoit femblablement fupplié de co[r]
riger la rigueur du quatre cens cinquante troifiefm[e]
article de la Couftume: Qui donne trente ans de [re]
clamer de l'heritage vendu, dont la lecture & publ[i]
cation n'auroit efté folemnellement faicte: Couftum[e]
qui auoit reuocqué l'ancien vfage, qui tenoit la poff[ef]
fion de dix ans pour lecture; vfage fans comparaifo[n]
plus equitable. Voftre Maiefté auoit ordonné qu[il]
feroit enuoyé Commiffion aux Baillifs & Vicomte[s]

pour informer de la commodité ou incommodité du
changement dudit article, ce qui a esté fait & executé:
Et neantmoins lesdits sieurs Commissaires n'y ont
donné aucun pouruoy. Voſtre peuple supplie voſtre Majeſté de le releuer d'vne infinité de trauaux,
procez & anxietez que la rigueur de tel article luy apporte chacun iour: Et ordonner selon l'ancien ſtille,
que celuy qui aura posſedé vn heritage par luy acquis,
ne pourra ſtre inquieté par clameur lignagere ou ſei-
gneuriale apres dix ans: Temps qui seruira de lecture
& publication.

Au Roy, Et en ſont les Commiſſaires d'aduis que
dix ans apres le iour de la lecture, l'on ne puiſſe im-
pugner la ſolemnité de l'acte.

Sa Majeſté ne veut rien innouer en ladite Couſtume.

36. Les fonds deſſiné pour les fraiz de la tenuë des
Eſtats, ne peut porter ny ſuffire pour contenter vn ſi
grand nombre de Commiſſaires qui s'y trouuent or-
dinairement. Il vous plaiſe les reduire au nombre
qu'ils auoient anciennement accouſtumé d'eſtre, ou ſi
aucuns par honneur deſirent y aſſiſter, Que ce ſoit
ſans gages ny penſion: Comme par la reſponce du
quarante ſixiéme article de l'an mil ſix cens vnze:
Auez ordonné eſtre faict.

AV ROY.

C'eſt la volonté du Roy, que s'il ſe trouue plus grand nombre
de Commiſſaires auſdits Eſtats qu'il n'eſtoit accouſtumé ancien-
nement, ceux qui excederont ledit nombre y aſſiſtent ſans gages
ny appointemens, ſuiuant ladite reſponce faicte par ſa Majeſté au
Cahier de l'an mil ſix cens vnze.

37. Nous ſupplions voſtre Majeſté d'ordonner que
les comptes des Eſtappes rendront gratuitement &
ſans fraiz, pour les vaccations de Meſſieurs les Com-

miſſaires, auſquels il vous a pleu en attribuer la cognoiſſance, ſinon que leſdits comptes ſe rendront ſuiuant l'ordonnance de Blois.

AV ROY,

Et en ſont les Commiſſaires d'aduis.
Il y a inſtance pendante au Conſeil, ſur laquelle y ſera pourueu.

SIRE. Vous demandez beaucoup, nous pouuons peu. Voſtre commandement & authorité, comme deux grandes puiſſances, nous forcent & contraignent, auſquelles nous oppoſons noſtre pauureté & impuiſſance, foibles defences, ſi elles ne ſont appuyés de voſtre bonté & miſericorde: Qui s'interpoſe metoyenne pour tenir la balance en quelque égalité. Praticquez de faict ceque ce Prince Romain dit de parole ſeulement, Quand on luy conſeilloit de leuer beaucoup d'impoſts & tributs ſur le peuple: Reſpondit, que le bon Paſteur doit tondre le trouppeau, non l'écorcher, SIRE, prenez la laine, laiſſez la peau entiere, afin qu'elle renourriſſe ce que vous pourrez retondre chacun an. Celuy qui nous auoit eſté baillé pour Gouuerneur, au lieu de nous defendre & proteger, conſpirant auec le Ciel & en la terre, Nous ont tant apporté d'incommoditez & ſterilité cette annee, qu'ils nous ont plongez iuſques au profond de toutes miſeres & calamitez. Neantmoins, noſtre obeyſſance & feruente volonté nous fera nager au deſſus de toutes neceſſitez, pour vous offrir la ſomme de dix-huict cens trois mil cent ſoixante liures. A quoy nous ſupplions en toute humilité voſtre Majeſté ſe contenter;

Nous déchargeant de toutes autres leuees. FAICT
en la Conuention des Estats de Normandie, tenuz à
Roüen au Manoir Archiepiscopal de l'Archeuesché,
le vingt-quatriéme iour de Nouembre mil six cens
dix-sept.

Signé,   ECHARD.

LES COMMISSAIRES tenant la presente Conuention, ayant ouy la respôse des Deleguez des Estats,
à la proposition & demande à eux faicte de la part du
Roy : Par laquelle ils ont volontairement consenty
& accordé, payer pour l'annee prochaine que l'on
côptera mil six cens dix-huict, La somme de dix-huict
cens trois mil cent soixante liures, du nombre de dix-
huict cens quinze mil cent soixante liures portee par
la Commission : Supplians sa Majesté qu'il luy plaise
les décharger des autres sommes portees par ladite
Commission, & de la grande Cruë. VEV laquelle
response.

NOVS AVONS ORDONNEE Que la
leuee de dix-huict cens trois mil cent soixante liures,
suiuant le consentement des Deputez, sera faicte en
ladite annee prochaine. Et pour ce qui est du surplus
de ladite Commission, se pouruoiront par deuers sadite Majesté Ce qui a esté prononcé publiquement
en l'assemblee desdits Estats Faict à Roüen, par nous-
dits Commissaires, le Samedy vingt-quatriéme iour
de Nouembre, mil six cens dix-sept.

Signé,   L'ANGLOIS.

Les articles & remontrances contenus
au present Cahier, ont esté veuz & res-
pondus par le Roy estant en son Cōseil.
A Paris, le quatorziesme iour de Feub-
urier, mil six cens dixhuict.

Signé,   LOVYS.

Et plus bas,   POTIER.

*Collationné à l'Original, Par moy Procureur
Sindic des Estats de Normandie.*

Signé.   ECHARD.